CATALOGUE

DE TABLEAUX

Esquisses peintes, Dessins, Aquarelles, Croquis,

de M. CHARLET, Peintre.

EXPOSITION PUBLIQUE

Les Samedi 28 et dimanche 29 mars, de midi à 5 heures.

IMPRIMERIE ET LITHOGRAPHIE DE MAULDE ET RENOU,

RUE BAILLEUL, 9-11.

1846

2651

CATALOGUE

DE

TABLEAUX

Esquisses peintes, Dessins, Aquarelles, Croquis,

de M. CHARLET, Peintre.

De Tableaux anciens et modernes, de Dessins de divers artistes, de Portefeuilles et Recueils d'Estampes, de Meubles anciens, Armes, Armures, Costumes, Modèles d'Artillerie, d'Ustensiles de peintre, et d'un beau Mannequin : le tout garnissant son atelier de peinture,

DONT LA VENTE SE FERA,

PAR SUITE DE SON DÉCÈS,

Les 30 et 31 Mars, et les 1er et 2 Avril 1846, à midi,

RUE DES JEUNEURS, 16,

HOTEL DES VENTES,

SALLE N. 1,

Par le ministère de Me BONNEFONS DE LAVIALLE,
Commissaire-Priseur, rue de Choiseul, n° 11,
Et son confrère, Me ROLLIN, rue du Croissant, 20;
Assistés de M. DEFER, Expert, quai Voltaire, n° 19,
Chez lesquels se distribue le présent catalogue.

EXPOSITION PUBLIQUE

Le Samedi 28 et dimanche 29 Mars de midi à cinq heures.

PARIS

IMPRIMERIE ET LITHOGRAPHIE DE MAULDE ET RENOU,

rue Bailleul, 9 et 11, près du Louvre.

1846

2651

Conditions de la Vente.

Les acquéreurs paieront cinq pour cent en sus des adjudications, applicables aux frais.

CHARLET (NICOLAS-TOUSSAINT), né à Paris à la fin de 1792, y est mort le 30 décembre 1845. Il venait donc d'accomplir sa cinquante-troisième année.

Comme celle de la plupart des hommes qui laissent un grand nom dans les arts, sa jeunesse fut rude et pauvre; mais aussi elle fut libre, et la liberté donne essor à la vocation.

A peine échappé des bancs de l'enseignement primaire, il se présente à l'école centrale républicaine; ses premiers essais dans le dessin étonnent ses maîtres et dévoilent la portée de son avenir. Mais chaque jour amène sa peine et demande son pain : Charlet était fils unique, c'est vrai; mais fils unique d'un dragon de Sambre et Meuse; il fallait vivre et vivre honnêtement, et pour cela ne s'en prendre qu'à soi-même. Cette nécessité fait que Charlet se détourne un instant de sa voie; il courbe sa grande taille et le voilà petit commis de Mairie, enregistrant et toisant les jeunes conscrits de l'empire que ses pinceaux et son crayon illustreront un jour. Oh! si quelque amateur adroit et prévoyant eût collectionné la pancarte bureaucratique de cet administrateur malgré lui, quel trésor de verve et d'originalités naissantes il eût ajouté à ce que nous possédons.

La paix devait singulièrement amoindrir les fonctions municipales de Charlet et rendre son concours beaucoup moins nécessaire; joignez à cela une teinte assez prononcée de *Buonapartisme* et vous saurez comme quoi la réaction de 1815, croyant en faire une victime, le força de devenir un grand artiste.

Charlet se réfugia donc dans l'atelier de Gros, et c'est par les leçons de ce grand maître qu'il se fortifia dans l'étude du beau et du vrai. Désormais Charlet s'appartient, et il va procéder à son œuvre immense. Ses peintures, dessins et lithographies sont innombrables; pour en faire le recollement, il faut partir du palais de Versailles et ne s'arrêter qu'au plus humble logis d'ouvrier. En 1836, il a exposé son magnifique épisode de la campagne de Russie; en 1837 le passage du Rhin par Moreau; enfin, en 1843, un convoi de blessés faisant halte dans un ravin. Les esquisses de ces œuvres capitales ne sont pas les objets les moins précieux de la vente qui se prépare, et qui ne peut manquer d'être très-suivie.

Charlet a terminé, pour ainsi dire, le crayon à la main, sa vie laborieuse, probe, désintéressée et indépendante. Le concours immense qui a salué ses funérailles atteste les sentiments d'estime et de simpathie que ses talents et son caractère lui avaient mérités dans les diverses classes de la société. La garde nationale en armes a rendu les derniers honneurs à l'un de ses anciens officiers supérieurs, dont elle avait été à même d'apprécier le dévouement et le savoir; et les élèves de l'école polytechnique ont déposé une couronne d'immortelles sur la tombe de leur illustre professeur.

Charlet a laissé deux fils, dont l'aîné n'a point encore quinze ans. Leur avenir était le constant objet de ses préoccupations, et s'il ne lui a pas été permis d'achever sa tâche paternelle, il est mort du moins avec la confiance consolante que leur digne et courageuse mère était à la hauteur des devoirs que le malheur lui préparait, et qu'elle a, du reste, acceptés avec la résignation et le dévouement qu'inspirent les plus hautes vertus. Que l'espérance de Charlet ne soit point trompée !... Que sa noble veuve, dont les jours, épuisés par les fatigues et les veilles, sont en danger au moment où nous terminons ces lignes, reçoive de la Providence le secours nécessaire pour guider dans la vie les fils de Charlet, et leur apprendre à porter dignement un nom qui sera toujours cher aux arts et à la France !

J. V. BILLIOUX.

DÉSIGNATION

DES OBJETS.

Première vacation

Lundi, 30 mars.

Tableaux, Esquisses peintes, Dessins par M. Charlet.

DESSINS.

1 — Divers croquis au crayons. Paysanne suisse, costumes grecs, vieux mendiants, têtes d'enfants, etc. Cet article sera divisé.

2 — Études de chevaux, croquis, etc., au crayon et à l'aquarelle. Dix dessins.

3 — Jeune fille dessinant dans une campagne. Sépia.

4 — Étude d'arbre, dessin au crayon sur papier gris.

5 — Deux études de ciel sur papier bleu.

6 — Études de femmes nues. Six dessins au crayon dans un même cadre.

7 — Etude de vieillard et jeune fille. Dessin au crayon.

8 — Etudes d'un cheval et des enfants. Dessin au crayon sur papier gris.

9 — L'Empereur à bord d'un navire. Dessin à la mine de plomb.

10 — Etude d'arbre. Dessin à la sépia.

11 — Deux études de vieillards, l'un de face, l'autre vu par le dos. Deux dessins au crayon sur papier bleu et rehaussé de blanc, dans un même cadre.

12 — Etude d'arbres au crayon, sur papier bleu et rehaussé de blanc.

13 — Etude de paysage, idem.

14 — Etude d'un cocher et d'une tête. Dessin au crayon sur papier bleu et rehaussé de blanc.

15 — Trois études de femmes assises. Dessins au crayon sur papier gris rehaussé de blanc.

16 — Etude de divers animaux et enfants. Dessin au crayon sur papier bleu rehaussé.

17 — *Après vous, sire.* Un grenadier de la garde vient d'offrir sa gourde à l'Empereur. Dessin à la sépia, non achevé.

18 — Dame assise, un livre sur ses genoux. Dessin à la pierre noire.

19 — L'Empereur passant une revue de sa garde. Grand dessin à la sépia, non achevé.

20 — Diverses études de vieillards debout, dans diverses attitudes. Trois dessins au crayon sur papier bleu, rehaussés de blanc.

21 — Le petit palefrénier. Dessin lavé sur papier bleu, rehaussé à l'aquarelle et à la gouache.

22 — Nègre monté sur un cheval arabe. Dessin à la sépia sur papier gris rehaussé de blanc.

23 — Le petit poltron. Dessin sur papier bleu rehaussé de gouache et d'aquarelle.

24 — La route de Poissy. Dessin sur papier bleu lavé et rehaussé d'aquarelle et de gouache.

25 — Le petit braconnier surpris. Dessin sur papier bleu, lavé à l'encre et rehaussé de gouache et d'aquarelle.

26 — Cavalier sous Louis XV. Dessin lavé à l'encre et rehaussé d'aquarelle et de blanc sur papier bleu.

27 — Un timbalier sous Louis XV. Dessin lavé à l'encre et rehaussé d'aquarelle et de blanc sur papier bleu.

28 — L'Empereur porté aux Tuileries par les soldats et officiers de sa garde, le 15 mars 1815. Dessin très terminé à la mine de plomb.

29 — Le garde-chasse et sa famille. Dessin sur papier bleu, lavé à l'encre de Chine, mêlé de gouache et d'aquarelle. Ce dessin est signé et daté de 1845; c'est un des derniers faits par M. Charlet.

TABLEAUX, ESQUISSES, ETC.

30 — Vieillard, étude.

31 — Buveurs allemands. L'un d'eux parle à une pie qu'il tient sur son doigt.
32 — Chauvin en goguette.
33 — Tête à barbe, étude.
34 — L'escalade.
34 *bis*. — Trois têtes sur la même toile.
35 — Enfants priant au pied d'un arbre.
36 — L'amateur en extase.
37 — Tête à barbe, étude.
38 — Tête de vieillard, étude.
39 — Paysan, étude.
40 — Cavalier de la république.
41 — Le donneur d'eau bénite.
42 — Soldat grec.
43 — Le retour de la promenade. Scène villageoise; effet de soleil couchant.
44 — Brigand espagnol. Un brigand, l'escopette en main, un genou en terre, est en embuscade.
45 — Philosophe lisant. Un vieillard assis est en méditation devant un livre ouvert sur une table. Tableau d'un effet puissant.
46 — Reddition d'Anvers. Esquisse sur carton; projet d'un tableau non exécuté.
47 — Napoléon à cheval. Soleil couchant.
48 — Invalide faisant sécher son mouchoir.
49 — L'indication, souvenir des Pyrénées.
50 — Cuirassier chargeant, vu par le dos.
51 — Cuirassier, l'épée à la main, vu de trois quarts. Cette étude et la précédente d'une énergique vérité.

52 — L'Empereur à cheval, dans un paysage boisé de bois et montagnes.

53 — Le vieux soldat.

54 — Brigands espagnols. Ils considèrent avec joie le butin qu'ils viennent de faire.

55 — Personnage travaillant devant une table.

56 — Retraite de Russie. Esquisse, projet de tableau.

57 — Intérieur de cabaret.

58 — Tête d'étude.

59 — L'Hospitalité.

60 — Le marchand de curiosités. Une dame, accompagnée d'un enfant, marchande différents objets de curiosités; intérieur avec accessoire.

61 — Le tailleur de pierres en goguette.

62 — Le concert villageois.

63 — Un conscrit appuyé contre une porte, et une étude de tête sur la même toile.

64 — Vieille femme dans un fauteuil.

65 — Le vieux portier.

66 — Marche de troupes. Dans une grande plaine, une colonne se met en mouvement. Effet de soleil couchant.

67 — Vieillard lisant.

68 — Conscrit, tenant une écuelle à la main.

69 — Vieux mendiants, esquisse.

70 — Le jeu de la drogue; la moitié du tableau est inachevée.

71 — Scène d'ivrogne; tableau commencé.

72 — Conscrits mangeant à la gamelle.

73 — Tête d'étude.
74 — Tête de jeune homme.
75 — Figure nue, étude académique.
Autre étude académique.
76 — Vieille femme tenant un poëlon sur ses genoux.
77 — Grenadier appuyé sur son fusil.
78 — Tête d'enfant, étude.
79 — Tête de vieillard, étude.
80 — Tête de soldat, étude.
81 — Personnage lisant.
82 — Cheval, étude.
83 — La marchande.
84 — Une tête d'étude.
85 — Tête de vieillard, étude.
86 — Deux études de ciels.
87 — Grenadier, ébauche.

DEUXIÈME VACATION.

Mardi, 31 Mars.

Dessins et Études peintes de M. Charlet.

DESSINS.

88 — Diverses études de femmes. Douze dessins au crayon.
Etudes de chiens, chevaux, etc. Neuf dessins au crayon.

89 — Etudes académiques de femmes dans différentes poses. Huit dessins au crayon, contenus dans un même cadre.

90 — L'Amoureux de village; le Conscrit; marche de troupes; tête de général de la République; têtes d'enfants, etc. Divers études et croquis à l'aquarelle, au crayon et à la mine de plomb, seront divisés sous ce numéro.

91 — Deux croquis de femme, une debout et l'autre assise. Dessin au crayon.

92 — Jeunes garçons, l'un debout, l'autre de face. Dessin au crayon.

93 — Portraits d'hommes, vus de profil, idem vus de face. Deux dessins sur papier de couleur.

94 — Paysage. Effet de clair de lune, au premier plan; un grenadier demande son chemin. Dessin à l'aquarelle.

95 — Paysage. Au loin, une chaîne de montagnes. Dessin à la sépia.

96 — Le petit pêcheur. Dessin lavé sur papier bleu et rehaussé à l'aquarelle.

97 — Paysage. Le milieu de la composition est occupé par un pont de cinq arches. Dessin à la sépia.

98 — Etude d'arbre. Dessin à la sépia.

99 — Jeune fille assise, un bouquet à la main. Dessin à la pierre d'Italie.

100 — Paysage. Un officier du génie, assis au pied d'un arbre. Dessin à la sépia.

101 — Mendiant et paysanne. Dessin au crayon sur papier bleu et rehaussé.

102 — Etude de cinq figures et animaux, dont un pêcheur à la ligne.

103 — Une étude de cuirassier blessé pendant une charge de cavalerie, et sous le même verre, une étude de ciel. Deux dessins sur papier bleu.

104 — Paysage. Vue d'un chemin à la lisière d'un bois. Dessin à la sépia.

105 — Paysan à barbe, un bâton et un paquet sur l'épaule. Dessin au crayon sur papier bleu rehaussé.

106 — L'aumône. Un militaire partage sa ration, avec de pauvres enfants. Dessin à l'aquarelle sur papier de couleur.

107 — Guide de la Garde en petit uniforme, se reposant auprès de son cheval. Effet de soleil couchant. Dessin piquant d'effet, lavé et rehaussé d'aquarelle et de gouache, sur papier bleu.

108 — Porte-étendard. Costume sous Louis XV. Dessin lavé sur papier bleu et rehaussé de gouache et d'aquarelle.

109 — Napoléon, premier consul et Napoléon empereur. Deux dessins, esquisse au crayon et l'aquarelle, dans un même cadre.

110 — Une suite de neuf dessins à la mine de plomb. Sujets relatifs à la vie de Napoléon. Ils sont contenus dans un même cadre.

111 — *J'aime beaucoup les œufs frais.* Dessin à l'aquarelle.

112 — Dragon en védette, près de lui son cheval. Dessin lavé sur papier bleu, et rehaussé d'aquarelle et de gouache.

113 — Officier de l'armée d'Italie. Dessin très terminé au crayon.

TABLEAUX.

114 — Tête de vieillard, Étude.

115 — Intérieur de cour. Etude.

116 — Tête de vieillard. Etude.

117 — Paysage.

118 — Paysage. Etude.

119 — Un cheval. Etude.

120 — Un cheval blanc. Etude.

121 — Tête de vieillard. Etude.

122 — Le peintre d'enseigne.

123 — Buveur flamand. Ebauche.

124 — Cavalier. Costume Louis XIII.

125 — Soldat, un enfant sur ses genoux. Costume de Louis XIII.

126 — La visite du curé. Un ecclésiastique visite un vieillard malade et couché. Tableau terminé.

127 — Le cortége. Costume Louis XIII.

128 — Bonaparte au pont d'Arcole.

129 — Grenadier de l'île d'Elbe.

130 — Deux têtes d'étude sur une même toile.

131 — Bonaparte, premier consul.

132 — La potion calmante. Un malade est couché dans un lit à rideaux violets ; une sœur

de charité est près d'un personnage assis et vêtu de rouge.

133 — Soldat parlant à un enfant. Costume sous Louis XIII.

134 — Etude de deux vieillards.

135 — Grenadier. Porte-drapeau de la République.

136 — Le polichinelle.

137 — Soldat de la République.

138 — Cheval blanc à l'écurie. Même sujet.

139 — Tête de vieillard. Etude.

140 — Femme sous Louis XIII. Ebauche.

141 — L'enfant malade. Ebauche sur panneau.

142 — Effet de neige. Une marche de troupes dans le fond.

143 — La famille du mourant. Esquisse. Autre esquisse du même sujet.

144 — Soldat, une pique à la main. Costume sous Louis XIII.

145 — Tête de vieillard. Etude.

146 — Femme vêtue de satin noir. Etude.

147 — Garde française.

148 — Cheval blanc. Etude.

149 — Tête d'étude.

150 — Cuirassier. Etude.

151 — Tête de nègre.

152 — Paysage. Effet de neige.

153 — Deux têtes d'études sur la même toile.

154 — Etude de femme.

155 — Paysage.

156 — Etude de cheval.

157 — Tête de grenadier.
158 — Paysage.
159 — Paysage. Vue aux environs de Paris.
160 — Hussard.
161 — Buveur flamand. Etude.
162 — Vieille mendiante.
163 — Enfants jouant aux billes.
164 — Le blessé.
165 — Prise d'une redoute.
166 — Soldats dans l'intérieur d'un cabaret; costumes sous Louis XIV.
167 — Tête de jeune homme.
168 — Tête de vieillard. Etude.
169 — Vue prise de la tête de Flandre. Tableau fait pendant le siége d'Anvers.
170 — Tête de jeune homme. Etude.
171 — Tête de vieillard. Ebauche.
172 — Projet de tableau. Ebauche.
173 — Etude de femme. Ebauche.
174 — Cuirassier. Ebauche.
175 — Croupe d'un cheval blanc.
176 — Une ébauche à peine indiquée.
177 — Une ébauche.
178 — Une cuisinière. Ebauche.
179 — Deux ébauches.

TROISIÈME VACATION.

Mercredi 1er Avril.

Dessins par divers artistes et suite des Études peintes de M. CHARLET.

180 — Vingt-sept dessins d'académies. Etudes d'après nature, par MM. Raffet, Delalaisse, Debon, etc.

181 — Vue d'Ulm, au moment de l'attaque de la ville par l'armée française. Dessin à l'aquarelle, par Bagetti.

182 — Soldat turc, vue de face, dessin à la sépia, par M. Delalaisse.

183 — Autre soldat turc, vu de profil. Dessin par le même.

184 — Cinq études à l'aquarelle, par M. Michalowski, d'après des maîtres flamands.

185 — Etudes de chevaux. Six dessins coloriés, par M. Michalowski. Cet article sera divisé.

186 — Cheval de course. Dessin par M. Delalaisse.

187 — Intérieur d'écurie. Dessin à la sépia, par M. Delalaisse.

188 — Un porte-drapeau turc. Dessin à la sépia, par M. Delalaisse.

189 — Cuirassier. Sépia, par M. Delalaisse.

DESSINS DE M. CHARLET.

190 — Diverses études et croquis de costumes militaires. Etudes de chevaux, paysages, etc., à l'aquarelle et au crayon.

191 — Femme assise, son chapeau sur ses genoux.

192 — Vieux mendiants. Aquarelle.
Portrait de dame. Aquarelle.

193 — Jeune fille assise. Dessin au crayon sur papier bleu.

TABLEAUX ET ESQUISSES DE M. CHARLET.

194 — *On ne passe pas.* Ebauche.
195 — Tête d'étude.
196 — Tête de nègre. Etude.
197 — Tête de vieillard. Etude.
198 — Tête de jeune homme. Etude.
199 — Etude de cheval.
200 — Etude de cheval
201 — Napoléon. Esquisse.
202 — Tête d'étude, coiffée d'un casque.
203 — Paysage.
204 — Napoléon. Esquisse.
205 — Intérieur d'une cour.
206 — Trois têtes d'études et un bras.
207 — Cuirassier buvant.
208 — Napoléon. Il est appuyé contre un arbre.
209 — Paysage. Souvenir des Pyrénées. Etude d'après nature.
210 — Grenadier de l'île d'Elbe.
211 — La boutique de la fruitière.
212 — Porte-drapeau de la république.
213 — L'antiquaire. Intérieur avec accessoires. Tableau presque entièrement achevé.

214 — Paysage. Souvenirs des Pyrénées.
215 — L'Empereur et ses grenadiers. Ebauche.
216 — Cavalier sous Louis XV.
217 — La diseuse de bonne aventure.
218 — Bivouac français pendant le siége d'Anvers. Effet de soleil levant.
219 — Marche de troupes. Effet de soleil couchant.
220 — La revue de l'Empereur après la bataille.
221 — Napoléon à cheval.
222 — Marche de troupes dans les Pyrénées.
223 — Napoléon au bivouac. Effet de matin. Grand tableau non terminé.
224 — Le précepteur et son élève. Scène de buveurs.
225 — Tête de chien. Etude.
226 — Grec. Etude.
227 — Marche de troupes.
228 — Soldats ivres. Costumes Louis XV.
229 — Vieille femme lisant.
230 — Un soldat, costume Louis XV, dans un paysage.
231 — Le pauvre et le riche.
232 — Paysage.
233 — Un troupier. Tableau ébauché.
234 — Invalide en goguette.
235 — Napoléon. Ebauche.
236 — Paysan alsacien.
237 — Une vieille femme et un enfant. Ebauche.
238 — Etude de cheval. Ebauche d'un cheval.
239 — Femme vêtue de satin blanc. Etude.

240 — Tête de chien. Etude.
241 — Tête de chien.
242 — Etude de femme nue.
243 — Tête d'invalide.
244 — Tête de cheval, de grandeur naturelle.
245 — Cuirassier. Etude.
246 — Tête d'étude.
247 — Tête de vieillard. Etude.
248 — Tête de jeune homme. Etude.
249 — Hussard. Ebauche.
250 — Tête de jeune homme. Etude.
251 — Tête de vieille. Etude.
252 — Tête de vieillard.
253 – Tête de jeune homme.
254 — Tête de vieillard. Etude.
255 — Tête de vieillard. Etude.
256 — Tête de soldat. Etude.
257 — Etude de femme.
258 — Tête d'étude.
259 — Tête de cheval gris.
260 — Cheval. Ebauche.
361 — Tête de vieillard. Etude.
262 — Etude de lapin et étude de faisan.
263 — Etude de vieillard.

Quatrième vacation.

Le jeudi, 2 avril.

Tableaux anciens et modernes, Esquisses par divers artistes, Estampes, Lithographies, Recueils, etc., etc., Meubles anciens, Armes, Armures, Dessins, Objets divers d'atelier, Ustensiles de peintre, beau Mannequin, Chevalet, etc.

264 — Aide de camp. Copie de *M. Boilly.*

265 — Cinq copies, esquisses faites d'après Rubens; portrait d'enfant, etc., par M. Poterlet. Cet article sera divisé.

266 — Tête de vieillard. Etude de chevaux; copies d'après Rubens d'après Géricault. Etude de paysage, d'après Jules Dupré. Marine, etc., par divers artistes.

267 — Copie de la Tentation de saint Antoine, de Téniers.

268 — Cinq études de chevaux, cavaliers nègres, etc. Copies de *M. De Dreux.*

269 — Copie d'un paysage de Ruysdaël, le Buisson. Tableau du Musée. Intérieur de forêt, paysage d'après *Coigniet.* Trois esquisses par divers artistes. Cet article sera divisé.

270 — Chevaux sauvages; course à la haie, etc. Diverses études, copies de *M. De Dreux,* seront vendus sous ce numéro.

271 — Deux études de chevaux, par *M. Delalaisse.*
272 — Deux études de paysages. Copie d'après *M. Marilhat.*
273 — Diverses esquisses, d'après des tableaux du Titien, Van Dyck, N. Poussin, etc., seront vendus sous ce numéro.
274 — Etude de paysage, par *Girard.*
275 — La bataille de Tolbiac. Esquisse de M. Scheffer.
376 — Etude académique, par *Géricault.* Une autre du même.
277 — Quatre études de chevaux, un carabinier, etc. d'après *Géricault.*
278 — Intérieur d'écurie et autre, deux esquisses. Copie de *Géricault.*
279 — Esquisse, par *M. Poterlet,* d'après le tableau de Rembrandt, la Présentation au temple.
280 — Esquisse de *M. Poterlet,* d'après le tableau de Rembrant, la Ronde de nuit, au musée d'Amsterdam.
281 — Deux esquisses par *M. Poterlet;* une d'après Rubens.
282 — L'astrologue, tableau par *M. Poterlet.*
283 — Carabinier. Etude de *M. Michalowsky.*
284 — Un ancien portrait d'homme sous Louis XV. Etude de têtes. Bons tableaux, par *Piazetta de Vénise.*
285 — L'enlèvement d'Europe. *Inconnu.* Scène militaire. Tableau attribué à *Van der Meulen.*

286 — Combat de cavalerie, par *Courtois*, dit *le Bourguignon*.

287 — Buveur flamand. Bon tableau signé. *D. Teniers*.

288 — Intérieur de cabaret. Ecole flamande.

289 — Le jardin d'amour, ou la fontaine de Jouvence. Ancienne copie d'un tableau de *P. Rubens*.

Objets de curiosité, Meubles anciens, Armes et Armures, etc.

291 — Une glace de Venise biseautée, dans un cadre ébène, avec ornements en cuivre estampé.

292 — Grand et ancien meuble à deux corps, en bois sculpté.

293 — Console en bois sculpté.

294 — Un grand et curieux cabinet en ébène, avec tiroirs et glace à l'intérieur, avec peinture dans le genre de Breughel.

295 — Un petit cabinet en laque, avec tiroirs à l'intérieur; sur un des panneaux, les armes de France.

296 — Un meuble encoignure en laque, avec dessus en marbre.

297 — Un encrier en marqueterie. Un encrier en porcelaine ancienne.

298 — Un grand mannequin en bon état.

299 — Un canon et son affût, grand modèle.

300 — Trois autres plus petits avec leur affût et caisson. Cet article sera divisé.

301 — Onze pièces, modèles de chariots, charrues, rouet, etc. Cet article sera divisé

302 — Un sabre indien.

303 — Deux étriers turcs.

304 — Une épée de combat.

305 — Deux pistolets.

306 — Quatre hallebardes, dont deux fort belles, gravées. Cet article sera divisé.

307 — Une arbalète ancienne avec le montage en bois.

308 — Deux gantelets en fer.

309 — Six fusils et carabines, tant anciens que modernes. Cet article sera divisé.

310 — Un petit et ancien méridien, surmonté d'une figure. Bronze doré.

311 — Deux épées, huit sabres divers, un hausse-col. Cet article sera divisé.

312 — Deux cuirasses, un devant de cuirasse, sous Louis XIII.

313 — Cinq casques anciens, époque Louis XIII. Cet article sera divisé.

314 — Une armure complète en fer poli.

315 — Bénitier en bois doré.

316 — Bénitier en cuivre estampé.

317 — Cinq pièces, potiches et vases en porcelaine du Japon.

318 — Deux caisses de tambours.

319 — Vache en plâtre, sous un cylindre.

320 — Un riche et complet costume d'Albanais.

321 — Divers morceaux d'étoffe, une robe de chambre chinoise, etc.

322 — Boîtes à couleurs, divers chevalets, passe-partout, palettes, et divers ustensiles d'ateliers, seront vendus sous ce numéro.

323 — Un grand fauteuil en velours.

324 — Un divan avec dossier en velours.

325 — Un autre divan.

ESTAMPES D'ARTISTES, LITHOGRAPHIES.

326 — Cent soixante-dix-huit lithographies et gravures diverses, portraits, composition, architecture, paysages, etc.

327 — Cent cinquante-huit lithographies, par MM. *Bellangé*, *Morel-Fatio*, *Raffet*, *Victor Adam*.

328 — Quatre-vingt-treize lithographies et gravures, dont anciens costumes autrichiens, planches sur l'Algérie, etc.

329 — Cent cinquante-neuf lithographies, par *Gudin*, *Gros*, *Coignet*, *Bourgeois*, et divers costumes grecs et autrichiens.

330 — Quatre-vingts lithographies, campagne de Russie, par *Faber du Faur*, publié à *Stutgard*.

331 — Quatre estampes d'après N. Poussin, dont le testament d'Eudamidas et les bergers d'Arcadie.

332 — Douze têtes, d'après Piazetta, par *Marcus Pitteri.*

333 — Dix pièces paysages, par *Kolbe* et *Hacker.*

334 — Entrée de Sigismond dans Mantoue, frise de Jules Romain ; vingt-cinq pièces, par *Stella.*

335 — Quarante-huit pièces gravées à l'eau forte, par et d'après *Rembrandt*, *Norblin*, etc.

336 — Trente-deux paysages à l'eau forte, par *Pérignon.*

337 — Cinquante pièces à l'eau forte, par *Dela Belle* et *Silvestre.*

338 — Soixante-neuf gravures d'animaux, à l'eau forte, par *Berghem, Karel Dujardin, etc.*

339 — Soixante-un paysages, par *Herman Suanewelt.*

340 — Deux cent soixante-sept pièces, par et d'après *Stella, Suanewelt, Wilkie, Enfantin, Norblin,* etc.

341 — Trente-cinq batailles de Louis XIV, d'après *Vander Meulen,* par *Bonnard, Baudoin,* etc.

342 — Ports de France, d'après J. Vernet.

343 — Vingt-deux pièces diverses. Tombeau du général Foy. Lithographies diverses, etc.

344 — Douze lithographies par *Géricault.*

345 — Dix-sept lithographies du même.

346 — Quarante-trois pièces à l'eau-forte, par *Duplessis Bertaux.*

347 — Cent trois lithographies ou gravures, par et d'après *Carle Vernet.*

348 — Soixante portraits gravés, de divers personnages.

349 — Deux cent vingt gravures anglaises, paysages et sujets de genre, vignettes, etc.

350 — Cent dix-sept gravures ou lithographies de MM. Raffet, Wyld et Lessor, Bellanger. Gravures anglaises, paysages d'Hubert. Essais de lavis.

351 — Soixante-neuf lithographies de MM. *Charlet* et *Horace Vernet.*

352 — Trois cent cinquante-cinq pièces. Lithographies pour l'école Polytechnique, par MM. *Charlet* et *Delalaisse.*

353 — Quatre-vingt-six portraits de l'Iconographie de *Van-Dyck.*

354 — Trente-neuf pièces des Loges de Raphaël, par *Chaperon.*

355 — Cent neuf planches, par et d'après *Rembrandt, Callot*, etc.

356 — Cent quatre-vingt-dix-huit pièces. Callot et Delabelle, et autres d'après.

357 — Mille soixante pièces gravées et lithographies pour le journal l'Artiste. Cet article sera divisé.

358 — Peste de Jaffa, d'après Gros, par M. Langier.

359 — Mort de Montgomery, d'après Trumbull, par Clémens.

360 — Charles Ier et sa famille, d'après A. Van-Dyck. Henriette de France, d'après Van-Dyck, par *Strange* et *Massard*.

361 — Neuf pièces. Costumes, par *A. Bosse*.

362 — Tentation de saint Antoine, et siége de Bréda, par *Callot*, etc. Six pièces.

363 — L'œuvre d'*Edmond Weirotter*. 1 vol. in-folio.

364 — Œuvre de J.-J. de *Boissieu*. In-fol.

365 — Principes de paysages, par *Coignet*. L'Académie de l'homme d'épée, par Gérard. In-8., fig.

366 — Le maniement de la lance, du mousquet, sous Louis XIII, par de *Gheyn*. 1 vol. petit in-fol.

367 — Livre d'Heures, Manuscrit du XVe siècle, avec miniatures.

368 — Chasses, par *Alken*. Caricatures anglaises, politiques et autres. 2 vol., figures coloriées.

369 — Portraits des membres de l'Institut, par Boilly. In-fol.

370 — Tous les articles omis.

1651

Imprimerie de Maulde et Renou, rue Bailleul, 9-11.

www.ingramcontent.com/pod-product-compliance
Ingram Content Group UK Ltd.
Pitfield, Milton Keynes, MK11 3LW, UK
UKHW020431220726
13923UKWH00005B/2158